P9-DGM-399

CIENCIA ASOMBROSA

Sobras del espacio

Un libro sobre cometas, asteroides y meteoroides

por Dana Meachen Rau   ilustrado por Denise Shea

Traducción: Sol Robledo

Agradecemos a nuestros asesores por su pericia, investigación y asesoramiento:

Dr. Stanley P. Jones, Director Adjunto
NASA-sponsored Classroom of the Future Program

Susan Kesselring, M.A., Alfabetizadora
Rosemount-Apple Valley-Eagan (Minnesota) School District

Dirección editorial: Carol Jones
Dirección ejecutiva: Catherine Neitge
Dirección creativa: Keith Griffin
Redacción: Christianne Jones
Asesoría de narración: Terry Flaherty
Diseño: Joe Anderson
Composición: Picture Window Books
Las ilustraciones de este libro se crearon con medios digitales.
Traducción y composición: Spanish Educational Publishing, Ltd.
Coordinación de la edición en español: Jennifer Gillis/Haw River Editorial

Picture Window Books
5115 Excelsior Boulevard
Suite 232
Minneapolis, MN 55416
877-845-8392
www.picturewindowbooks.com

Impreso en los Estados Unidos de América.

Library of Congress Cataloging-in-Publication Data
Rau, Dana Meachen, 1971-
[Space leftovers. Spanish]
Sobras del espacio : un libro sobre cometas, asteroides y meteoroides / por Dana Meachen Rau ; ilustrado por Denise Shea ; traducción Sol Robledo.
p. cm. — (Ciencia asombrosa)
Includes bibliographical references and index.
ISBN-13: 978-1-4048-3230-5 (library binding)
ISBN-10: 1-4048-3230-0 (library binding)
ISBN-13: 978-1-4048-2521-5 (paperback)
ISBN-10: 1-4048-2521-5 (paperback)
1. Comets—Juvenile literature. 2. Asteroids—Juvenile literature. 3. Meteoroids—Juvenile literature. 4. Solar system—Juvenile literature. I. Shea, Denise, ill. II. Title.
QB721.5.R38518 2007
523.6—dc22 2006027143

Contenido

Las sobras flotantes

¡Qué rica comida! Tenemos sándwiches, fruta, limonada y pretzels. ¡También tenemos postre! Es mucho para una sola persona. Seguramente quedarán sobras.

¿Sabías que en el espacio flotan sobras? Esas sobras no son pretzels ni pedazos de manzana. Son pedazos de roca, polvo y hielo.

DATO CURIOSO

Existen tres tipos de sobras espaciales: los cometas, los asteroides y los meteoroides. Son parte del sistema solar. El sistema solar está formado por una estrella y los planetas que giran a su alrededor.

Gas y polvo

Hace miles de millones de años el sistema solar empezó como una gran nube de gas y polvo. Los gases y el polvo flotan en el espacio.

¿Cómo se convirtió esa nube en el sistema solar? Partes del polvo y gas se unieron, se calentaron y formaron el Sol. Otras partes se unieron y formaron los planetas. Las sobras de gas, hielo y polvo formaron los asteroides, los cometas y los meteoroides. Los llamamos rocas del espacio.

DATO CURIOSO

El Sol es el centro del sistema solar. Los planetas giran a su alrededor. Unos están formados por roca y otros por gas.

Planetas pequeños

¿Qué son los pedazos de roca y metal que dan vueltas alrededor del Sol junto con los planetas? Son los asteroides. Muchos dan vueltas alrededor del Sol entre las órbitas de Marte y Júpiter.

Hay millones de asteroides. A veces los llaman planetas pequeños o planetas menores porque tienen una órbita, como los planetas.

DATO CURIOSO

Unos asteroides están cerca. Se llaman asteroides cercanos a la Tierra. Los observamos con mucho cuidado. Observamos si su órbita se puede cruzar con la de la Tierra.

Las visitas heladas

¿Tienes amigos o familiares que viven lejos?
¿Vienen de visita?

Los cometas son bolas de hielo que vienen desde lejos. Muchos cometas vienen desde la orilla del sistema solar. Tienen una órbita que pasa cerca del Sol. Le dan la vuelta al Sol y luego regresan a donde vinieron. Es un gran viaje. Algunos cometas tardan cuatro años en regresar. ¡Otros sólo nos visitan cada 30 millones de años!

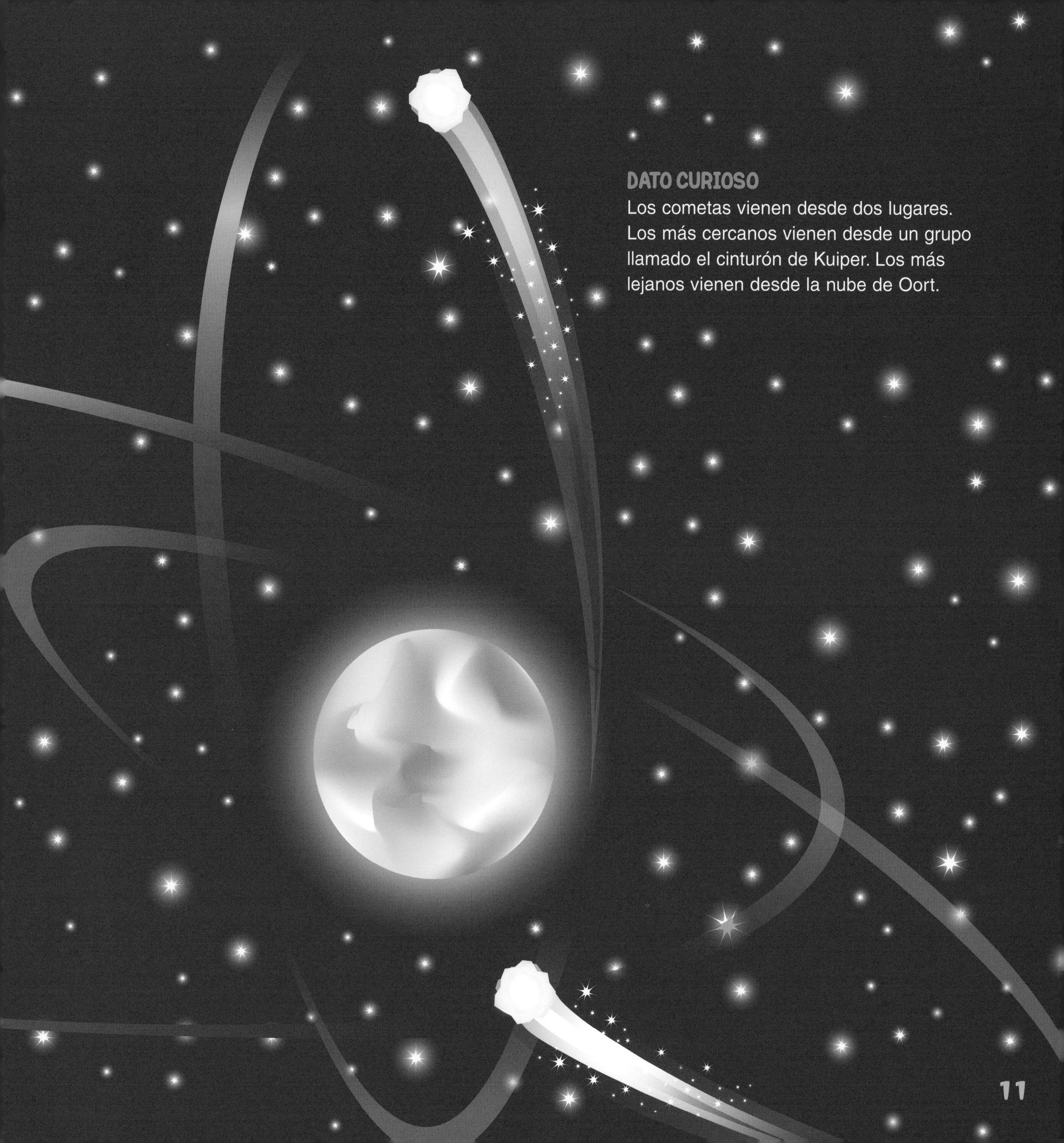

DATO CURIOSO

Los cometas vienen desde dos lugares. Los más cercanos vienen desde un grupo llamado el cinturón de Kuiper. Los más lejanos vienen desde la nube de Oort.

Con dos colas

La cola de un conejo es chiquita y esponjadita. La cola de un tigre es larga y de rayas. ¿Sabías que los cometas tienen dos colas?

Los cometas están formados por hielo, pero también tienen polvo y pedazos de roca. Cuando los cometas pasan cerca del Sol, el calor hace que se formen colas. Una de ellas es de polvo. La otra es de gas.

DATO CURIOSO

Las colas del cometa se forman gracias al viento solar. El Sol tiene un aire muy caliente. Cuando se acerca un cometa, el calor derrite el hielo y hace que el polvo y el gas sigan al cometa como colas.

DATO CURIOSO

La Tierra recibe más de 100 toneladas (91 toneladas métricas) de rocas del espacio todos los días.

Las rocas del espacio vienen a la Tierra

Imagina que estás mordiendo una galleta en un picnic y se te caen unas migajas al suelo.

Los cometas y los asteroides también tiran migajas. Esos pequeños trozos de roca espacial se llaman meteoroides. A veces la Tierra atraviesa la órbita de los meteoroides y unos se estrellan contra ella.

La protección de la Tierra

Cuando andas en bicicleta te pones un caso. El casco te protege si te caes. La Tierra también se protege.

Una capa de gases calientes envuelve la Tierra como una manta. Esa capa se llama atmósfera. Cuando los meteoroides entran en la atmósfera, se calientan y se queman. La mayoría nunca llega al suelo.

DATO CURIOSO

Un meteoro es un meteoroide que se está quemando en la atmósfera. Cuando muchos meteoros se queman al mismo tiempo, se le dice lluvia de meteoros.

Meteoritos y cráteres

No todos los meteoroides se queman. Algunos sí llegan al suelo. Se llaman meteoritos.

Unos meteoritos son del tamaño de piedras pequeñas. Pero hay otros que son grandes. Cuando cae un meteorito grande, forma un cráter. Los cráteres son hoyos anchos y profundos.

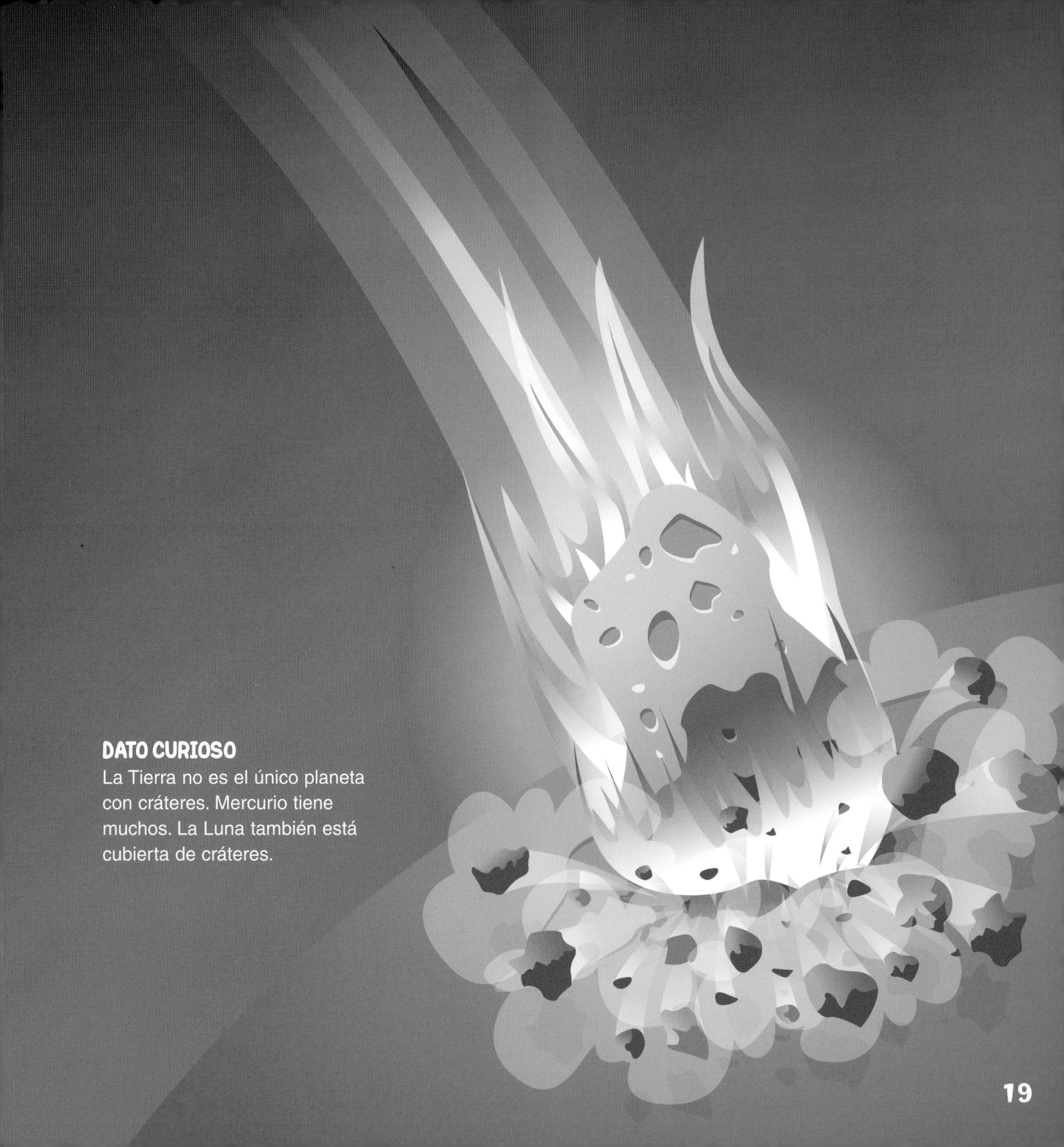

DATO CURIOSO

La Tierra no es el único planeta con cráteres. Mercurio tiene muchos. La Luna también está cubierta de cráteres.

No hay peligro

No tienes que preocuparte de que las rocas del espacio se estrellen contra la Tierra. Sólo unas pocas llegan al suelo. Si una roca grande fuera a estrellarse, lo sabríamos.

Nuestra capa gaseosa nos protege. Podemos observar los pedazos luminosos de hielo, roca y polvo, y admirarlos.

DATO CURIOSO

Más o menos cada mil años cae a la Tierra un meteorito del tamaño de un campo de fútbol. Causa mucho daño.